AF252675

ANALYSE

DÉS

OPINIONS ET VOTES DES CONSEILS GÉNÉRAUX.

DE L'AGRICULTURE, DES MANUFACTURES ET DU COMMERCE,

SUR LA QUESTION DES SUCRES.

LETTRE

DE

MR A. JOLLIVET,

MEMBRE DE LA CHAMBRE DES DÉPUTÉS,

DÉLÉGUÉ DE LA MARTINIQUE,

A Messieurs

LES PRÉSIDENT ET MEMBRES DU CONSEIL SUPÉRIEUR DU COMMERCE,

SUR LA QUESTION DES SUCRES.

Paris

IMPRIMERIE D'AD. BLONDEAU, RUE RAMEAU, 7.

1842.

A MESSIEURS

LES PRÉSIDENT ET MEMBRES DU CONSEIL SUPÉRIEUR

DU COMMERCE.

Messieurs,

Dans son exposé devant les trois Conseils généraux, de l'agriculture, des manufactures et du commerce, M. le ministre du commerce a reconnu que les difficultés inhérentes à la question des sucres s'aggravaient tous les jours.

Que les productions coloniale et indigène dépassaient, depuis quelques années, les limites de la consommation de la France.

Que l'encombrement qui en résulte amenait dans les prix, une baisse ruineuse pour les deux produits ; que la loi de 1840 destinée à faire cesser l'encombrement du marché, par la diminution dans la fabrication du sucre de betterave, et à relever les cours dans une proportion suffisante pour donner aux colons le prix rémunérateur dont ils ont besoin, n'avait pas atteint son but.

Que si quelques fabriques ont cessé de produire par l'effet de l'impôt actuel (27 fr. 50 c.) ou par toute autre cause ; le chiffre de la production constaté par l'administration des contributions indirectes, pour le sucre de betterave, s'est de l'une à l'autre des deux dernières campagnes, accrû de près de 12 p. 100.

Que le cours du sucre est tombé en octobre dernier à 52 fr. les 50 kilog. au Hâvre, *minimum* auquel il n'était jamais descendu, même en 1839, époque où la situation désastreuse du marché motiva l'ordonnance de dégrévement, et que cette dépréciation excessive du cours réduit à moins de 14 fr. Le prix obtenu par les colons (1)

(1) Prix qui, suivant le gouvernement, doit être de 23 fr. 50 c. ; et, suivant les colons, de 25 fr. au moins.

c'est-à-dire, qu'elle supprime de fait, non pas seulement le salaire du producteur, mais les moyens mêmes de continuer la production.

Dans cette situation, un cri de détresse, parti de nos ports (1) et de nos colonies (2) réclame des mesures énergiques contre un état de choses qui ne peut se prolonger sans amener de graves perturbations.

A ces protestations se joint la voix des fabricants eux-mêmes, qui déclarent leur position insoutenable, et font un appel à une nouvelle législation (3).

Monsieur le ministre du commerce, demandait en terminant son exposé :

1° Si deux productions dont l'une (celle des colonies) quoique susceptible de quelque progrès, est néanmoins

(1) Lettres des chambres de commerce du Hàvre, de Bordeaux, Marseille, Nantes, etc.

(2) Pétitions au Roi et aux Chambres, des maires, conseillers municipaux et des habitants de Saint-Pierre, de Fort-Royal, du François, du Vauclin, du Trou-au-Chat, de la Grande-Anse, de la Rivière-Pilote, etc., de toutes les communes de la Martinique et de nos autres colonies.

(3) Pétitions au ministre du commerce, de *tous* les fabricants de sucre indigène, du département du Pas-de-Calais, d'un grand nombre de fabricants des départements de la Somme, de l'Aisne, de l'Oise, de *tous* les fabricants de Douai, Cambrai, Dunkerque, de la grande majorité des fabricants de Lille, qui déclarent préférer le rachat avec indemnité au maintien de la législation actuelle.

renfermée dans de certaines limites, et l'autre (celle du sucre indigène) comporte un développement presque indéfini, peuvent subsister ensemble?

2° S'il est possible de laisser les deux productions plus long-temps en présence? quelle est celle de deux qu'il faut sacrifier? etc., etc., etc.

Vous savez, Messieurs, que les conseils généraux d'agriculture et des manufactures ont été d'avis que les deux productions pouvaient subsister ensemble. Le Conseil général du commerce a été d'un avis contraire, et s'il n'a pas proposé l'interdiction de la fabrication indigène, avec indemnité, il a proposé l'égalité immédiate des droits qui la supprimerait sans indemnité.

Voici l'analyse fidèle des propositions qui ont été faites par les commissions des trois conseils, — et des votes, tant des commissions que des conseils:

Conseil général des manufactures.

La commission, composée de neuf membres, s'est partagée, à savoir, cinq membres pour le maintien de la loi de 1840, « *qui n'avait pas été suffisamment expéri-* « *mentée*, et quatre membres contre.

Vous remarquerez, Messieurs, que sur les neuf membres qui composaient la commission :

Le *premier*, avait proposé l'égalité des droits, avec indemnité pour le sucre indigène.

Le *deuxième*, l'égalité des droits au moyen d'un dégrèvement annuel de 3 fr., sur le sucre colonial, et d'une élévation de 1 fr. sur le sucre indigène ; — en sorte, que le droit de 45 fr., se serait trouvé établi à 30 fr., pour les deux sucres, dans une période de cinq ans.

Le *troisième*, voulait porter le droit sur le sucre indigène, à 30 fr., pour l'augmenter ensuite de 2 fr., par chaque année, pendant sept ans, et enfin, de 1 fr., la huitième année, afin d'arriver ainsi à l'égalité du droit (45 fr.).

Le *quatrième*, pour limiter la production indigène, défendait à de nouvelles fabriques de s'établir, et forçait les fabriques existantes à ne pas dépasser leur production constatée dans la campagne de 1840 à 1841.

Le *cinquième*, proposait d'élever les droits et le rendement, sur le sucre étranger.

Les *sixième et septième,* s'associaient à cette proposition, et voulaient de plus, qu'on abaissât le rendement sur le sucre colonial, de 70 à 67 kilog.

Ils espéraient ainsi, « débarrasser le marché du trop « plein, cause de tout le mal, et que ne manquerait pas « d'amener la simultanéité d'une bonne récolte en « France et aux colonies. »

Le *huitième,* demandait que le gouvernement déterminât le chiffre de la fabrication du sucre indigène en France; qu'il répartît les quantités à fabriquer entre les fabriques existantes; qu'il achetât cette production à un chiffre fixé, et la revendît à un taux qui établirait la pondération entre l'intérêt du Trésor et la production coloniale.

Enfin, un *neuvième* membre, absent lors de la première séance, a regretté que la commission eut posé en principe, que la coexistence était possible.

Dans son opinion, c'est perpétuer un état de malaise, qui n'est pas susceptible d'amélioration.

Il eut préféré qu'on adoptât un parti radical, *celui d'anéantir la fabrication indigène moyennant indemnité;*

mais puisque la coexistence a été maintenue, il est d'avis qu'au lieu de recourir à de nouveaux procédés, *dont il n'espère rien de bon*, on se borne au *statu quo* pur et simple.

Comme vous le voyez, messieurs, les *neuf* membres qui composaient la commission voulaient *tous* changer la loi de 1840, et chacun avait formulé son projet.

Comment donc CINQ membres ont-ils voté pour le maintien de la loi de 1840 ?

C'est que chaque projet n'a trouvé d'assentiment que chez son auteur ; c'est que tous les autres membres, suivant la naïve expression de l'un d'eux, *n'en espéraient rien de bon ;* et que, ne voulant pas adopter le parti radical proposé par un de ses membres, la majorité de la commission s'est cru dans la bizarre nécessité de conclure au maintien d'une loi qu'elle venait de condamner à l'unanimité ; d'une loi qui, de son aveu, amenait sur le marché de France un trop plein, *cause de tout le mal.*

La commission du Conseil des manufactures, disons-le, n'a pas osé appliquer le remède.

Le Conseil général des manufactures a adopté les conclusions de sa commission, le maintien du *statu quo* (déclaré intolérable par le gouvernement qui lui demandait son avis sur les moyens d'en sortir), à la majorité de 15 voix contre 14 !

La question du *statu quo* a également été soumise à la commission du Conseil général de l'agriculture, qui l'a résolue pour l'affirmative, à la majorité de 5 voix contre 4.

Les seules modifications qu'elles proposait, étaient :

1° D'élever de 20 fr. la surtaxe sur les sucres étrangers ;

2° D'élever à 75 p. 100 le rendement sur le sucre étranger ;

3° De prendre des mesures propres à éviter l'encombrement du marché et à exciter les colonies à la production de denrées intertropicales, autres que le sucre, et qu'à cet effet, il soit fait en leur faveur une réduction aux droits d'entrée qui frappent aujourd'hui ces produits.

La première proposition de la commission a été modifiée par le conseil général d'agriculture, qui a été d'avis d'élever la surtaxe sur le sucre étranger de 10 fr. seulement.

La deuxième proposition a été retirée.

La troisième rejetée.

Le Conseil n'a donc pas été d'avis de réduire les droits qui frappent à l'entrée en France les produits des colonies autres que les sucres et les cafés.

Le Conseil a pensé avec raison que cette réduction serait d'une bien minime influence ; que les colonies ne pouvaient changer à vue-d'œil la nature de leurs productions ; et qu'il serait aussi insensé d'interdire la production du sucre à nos colonies intertropicales que les céréales à la Beauce et la vigne à nos départements méridionaux.

L'élévation de 10 fr. sur les sucres étrangers est tout ce qu'il y a de plus inoffensif, alors surtout que la commission a retiré la proposition d'élever le rendement à 75 pour 100.

L'élévation de 10 fr. n'empêcherait pas l'introduction d'un seul kilogramme. C'est qu'en effet le sucre étranger est réexporté presque en totalité, après raffinage ; que le *quantum* du droit est sans importance, puisqu'il est restitué.

Vous conviendrez, Messieurs, que le problème proposé par le gouvernement étant : « De faire cesser l'en-« combrement du marché ; de rehausser les prix rui-« neux dont cet encombrement est la cause, »

Le Conseil général de l'agriculture n'a pas trouvé la solution.

La commission du Conseil général de commerce l'a trouvée et indiquée. A la majorité de six voix contre deux, elle a demandé au gouvernement : *le rachat pour cause d'utilité publique et avec indemnité de la fabrication indigène.*

Le Conseil général du commerce a rejeté la proposition de sa commission à la majorité de 24 voix contre 23.

Il a demandé, à la majorité de 36 voix contre 11, l'égalité immédiate et sans indemnité.

L'avis de la commission me paraît bien préférable à l'avis du Conseil.

Il atteint plus sûrement le but que l'un et l'autre veulent atteindre : la suppression d'une industrie qui n'a vécu que par un privilége accordée à une autre industrie nationale; d'une industrie qui ruine nos colonies, notre commerce maritime, et porte les plus graves atteintes à notre Trésor, à notre marine, à notre puissance nationale.

L'avis de la Commission a sur l'avis du Conseil cet immense avantage, qu'en supprimant une industrie funeste à tant d'intérêts, il indemnise les industriels.

Il ne faut pas oublier que leur industrie a été favorisée par le gouvernement à une autre époque, dans des circonstances extraordinaires qui ne se reproduiront plus; qu'elle a été encouragée par l'exemption d'impôt. Il ne faut pas qu'ils soient victimes des imprévoyances de la législation, et la loi qui les expropriera pour cause d'utilité publique leur doit une juste indemnité.

Cette indemnité ne gréverait pas le Trésor, car elle serait payée dans moins de deux ans par l'excédant de droits sur le sucre colonial et sur le sucre étranger, et les deux années révolues, il y aurait pour le Trésor une augmentation de revenu d'au moins 25,000,000 f. (1)

(1) Voir le rapport de M. Ducos au nom de la commission du conseil général du commerce.

Voir mes lettres au président du conseil des ministres pages 131, 132, 133.

Quelques personnes croient ou affectent de croire que les Chambres n'adopteraient pas un projet de loi qui prononcerait la suppression de la fabrication du sucre indigène, avec indemnité.

Je leur dirai pour les rassurer que la proposition de l'honorable M. Lacave-Laplagne, dans la séance du 7 mai 1840, a réuni une imposante minorité, quoique l'opinion et la chambre ne fussent pas suffisamment préparés à une solution aussi radicale; que beaucoup de bons esprits pensassent encore que les deux industries pouvaient coexister, et que le cabinet la combattit à outrance.

Mais aujourd'hui que la coexistance des deux industries est démontrée impossible; que tous les efforts pour les équilibrer ont été successivement tentés et ont échoué....

Il n'est pas douteux que le rachat avec indemnité ne soit voté à une très-grande majorité, si comme je l'espère, le Conseil supérieur du commerce lui donnant l'appui de sa haute expérience, le recommande au gouvernement, et si le gouvernement le propose aux chambres.

Qu'il me soit permis, Messieurs, de vous rappeler,

en terminant, que dans la discussion de la loi de 1840, tout le monde reconnaissait que les colonies étant obligées de s'approvisionner exclusivement en France, ne pouvant pas vendre leurs produits à l'étranger...

La justice exigeait que la métropole assurât aux produits coloniaux un placement intégral et avantageux sur le marché métropolitain.

Tout le monde proclamait la nécessité d'exécuter le pacte colonial (1). La loi de 1840 devait, dans l'intention de ses auteurs, en élevant le droit sur le sucre indigène, en rallentir la production, diminuer l'encombrement du marché et relever les prix du sucre colonial.

La production du sucre indigène, au lieu de se ralentir, a augmenté d'un cinquième (2).

Jamais le marché n'a été plus encombré ; jamais le sucre colonial ne s'était vendu à des prix plus bas (3).

Ces déplorables résultats ont été constatés par le

(1) Voir ma première lettre au président du Conseil, pag. 4 à 11.
(2) Elle a été, en 1840, de 22,000,000, et en 1841, de 27,000,000 k.
(3) 53 fr. en baisse à l'acquitté.

Gouvernement, dans son exposé devant les trois Conseils.

Ils n'ont point été contredits , et cependant deux de ces Conseils ont proposé le maintien d'une législation qui , suivant eux, n'aurait pas été suffisamment *expérimentée*.

Les colonies vous déclarent que l'expérience a été trop longue , que leurs forces sont épuisées , et que le temps est venu d'appliquer un remède énergique si l'on veut les soustraire à une mort prochaine et certaine !

Veuillez , Messieurs , agréer l'assurance de la haute considération de

Votre très-humble et très-obéissant serviteur ,

A. JOLLIVET.

Paris, 25 janvier 1842.

www.ingramcontent.com/pod-product-compliance
Lightning Source LLC
LaVergne TN
LVHW051145060726
842526LV00006B/2224